AF313503

RÉAUX.	FRANCS ET CENTIMES.	RÉAUX.	FRANCS ET CENTIMES.
1	0 26	18	4 73
2	0 52	19	5 00
3	0 79	20	5 26
4	1 05	21	5 52
5	1 31	22	5 79
6	1 57	23	6 05
7	1 84	24	6 31
8	2 10	25	6 57
9	2 36	26	6 84
10	2 63	27	7 10
11	2 89	28	7 36
12	3 15	29	7 63
13	3 42	30	7 89
14	3 68	31	8 15
15	3 94	32	8 42
16	4 21	33	8 68
17	4 47	34	8 94

RÉAUX.	FRANCS ET CENTIMES.	RÉAUX.	FRANCS ET CENTIMES.
35	9 21	52	13 68
36	9 47	53	13 94
37	9 73	54	14 21
38	10 00	55	14 47
39	10 26	56	14 73
40	10 52	57	15 00
41	10 79	58	15 26
42	11 05	59	15 52
43	11 31	60	15 79
44	11 57	61	16 05
45	11 84	62	16 31
46	12 10	63	16 57
47	12 36	64	16 84
48	12 63	65	17 10
49	12 89	66	17 36
50	13 15	67	17 63
51	13 42	68	17 89

RÉAUX.	FRANCS ET CENTIMES.	RÉAUX.	FRANCS ET CENTIMES.
69	18 15	86	22 63
70	18 42	87	22 89
71	18 68	88	23 15
72	18 94	89	23 42
73	19 21	90	23 68
74	19 47	91	23 94
75	19 73	92	24 21
76	20 00	93	24 47
77	20 26	94	24 73
78	20 52	95	25 00
79	20 79	96	25 26
80	21 05	97	25 52
81	21 31	98	25 79
82	21 57	99	26 05
83	21 84	100	26 31
84	22 10	101	26 57
85	22 36	102	26 84

RÉAUX.	FRANCS ET CENTIMES.	RÉAUX.	FRANCS ET CENTIMES.
103	27 10	120	31 57
104	27 36	121	31 84
105	27 63	122	32 10
106	27 89	123	32 36
107	28 15	124	32 63
108	28 42	125	32 89
109	28 68	126	33 15
110	28 94	127	33 42
111	29 21	128	33 68
112	29 47	129	33 94
113	29 73	130	34 21
114	30 00	131	34 47
115	30 26	132	34 73
116	30 52	133	35 00
117	30 79	134	35 26
118	31 05	135	35 52
119	31 31	136	35 79

RÉAUX.	FRANCS ET CENTIMES.	RÉAUX.	FRANCS ET CENTIMES.
137	36 05	154	40 52
138	36 31	155	40 79
139	36 57	156	41 05
140	36 84	157	41 31
141	37 10	158	41 57
142	37 36	159	41 84
143	37 63	160	42 10
144	37 89	161	42 36
145	38 15	162	42 63
146	38 42	163	42 89
147	38 68	164	43 15
148	38 94	165	43 42
149	39 21	166	43 68
150	39 47	157	43 94
151	39 73	168	44 21
152	40 00	169	44 47
153	40 26	170	44 73

RÉAUX.	FRANCS ET CENTIMES.	RÉAUX.	FRANCS ET CENTIMES.
171	45 00	188	49 47
172	45 26	189	49 73
173	45 52	190	50 00
174	45 79	191	50 26
175	46 05	192	50 52
176	46 31	193	50 79
177	46 57	194	51 05
178	46 84	195	51 31
179	47 10	196	51 57
180	47 36	197	51 84
181	47 63	198	52 10
182	47 89	199	52 36
183	48 15	200	52 63
184	48 42	201	52 89
185	48 68	202	53 15
186	48 94	203	53 42
187	49 21	204	53 68

RÉAUX.	FRANCS ET CENTIMES.	RÉAUX.	FRANCS ET CENTIMES.
205	53 94	222	58 42
206	54 21	223	58 68
207	54 47	224	58 94
208	54 73	225	59 21
209	55 00	226	59 47
210	55 26	227	59 73
211	55 52	228	60 00
212	55 79	229	60 26
213	56 05	230	60 52
214	56 31	231	60 79
215	56 57	232	61 05
216	56 84	233	61 31
217	57 10	234	61 57
218	57 36	235	61 84
219	57 63	236	62 10
220	57 89	237	62 36
221	58 15	238	62 63

RÉAUX.	FRANCS ET CENTIMES.	RÉAUX.	FRANCS ET CENTIMES.
239	62 89	256	67 36
240	63 15	257	67 63
241	63 42	258	67 89
242	63 68	259	68 15
243	63 94	260	68 42
244	64 21	261	68 68
245	64 47	262	68 94
246	64 73	263	69 21
247	65 00	264	69 47
248	65 26	265	69 73
249	65 52	266	70 00
250	65 79	267	70 26
251	66 05	268	70 52
252	66 31	269	70 79
253	66 57	270	71 05
254	66 84	271	71 31
255	67 10	272	71 57

RÉAUX.	FRANCS ET CENTIMES.	RÉAUX.	FRANCS ET CENTIMES.
273	71 84	290	76 31
274	72 10	291	76 57
275	72 36	292	76 84
276	72 63	293	77 10
277	72 89	294	77 36
278	73 15	295	77 63
279	73 42	296	77 89
280	73 68	297	78 15
281	73 94	298	78 42
282	74 21	299	78 68
283	74 47	300	78 94
284	74 73	301	79 21
285	75 00	302	79 47
286	75 26	303	79 73
287	75 52	304	80 00
288	75 79	305	80 26
289	76 05	306	80 52

RÉAUX.	FRANCS ET CENTIMES.	RÉAUX.	FRANCS ET CENTIMES.
307	80 79	324	85 26
308	81 05	325	85 52
309	81 31	326	85 79
310	81 57	327	86 05
311	81 84	328	86 31
312	82 10	329	86 57
313	82 34	330	86 84
314	82 63	331	87 10
315	82 89	332	87 36
316	83 15	333	87 63
317	83 42	334	87 89
318	83 68	335	88 15
319	83 94	336	88 42
320	84 21	337	88 68
321	84 47	338	88 94
322	84 73	339	89 21
323	85 00	340	89 47

RÉAUX.	FRANCS ET CENTIMES.	RÉAUX.	FRANCS ET CENTIMES.
341	89 73	358	94 21
342	90 00	359	94 47
343	90 26	360	94 73
344	90 52	361	95 00
345	90 79	362	95 26
346	91 05	363	95 52
347	91 31	364	95 79
348	91 57	365	96 05
349	91 84	366	96 31
350	92 10	367	96 57
351	92 36	368	96 84
352	92 63	369	97 10
353	92 89	370	97 36
354	93 15	371	97 63
355	93 42	372	97 89
356	93 68	373	98 15
357	93 94	374	98 42

RÉAUX.	FRANCS ET CENTIMES.	RÉAUX.	FRANCS ET CENTIMES.
375	98 68	392	103 15
376	98 94	393	103 42
377	99 21	394	103 68
378	99 47	395	103 94
379	99 73	396	104 21
380	100 00	397	104 47
381	100 26	398	104 73
382	100 52	399	105 00
383	100 79	400	105 26
384	101 05	401	105 52
385	101 31	402	105 79
386	101 57	403	106 05
387	101 84	404	106 31
388	102 10	405	106 57
389	102 36	406	106 84
390	102 63	407	107 10
391	102 89	408	107 36

RÉAUX.	FRANCS ET CENTIMES.	RÉAUX.	FRANCS ET CENTIMES.
409	107 63	426	112 10
410	107 89	427	112 36
411	108 15	428	112 63
412	108 42	429	112 89
413	108 68	430	113 15
414	108 94	431	113 42
415	109 21	432	113 68
416	109 47	433	113 94
417	109 73	434	114 21
418	110 00	435	114 47
419	110 26	436	114 73
420	110 52	437	115 00
421	110 79	438	115 26
422	111 05	439	115 52
423	111 31	440	115 79
424	111 57	441	116 05
425	111 84	442	116 31

RÉAUX.	FRANCS ET CENTIMES.	RÉAUX.	FRANCS ET CENTIMES.
443	116 57	460	121 05
444	116 84	461	121 31
445	117 10	462	121 57
446	117 36	463	121 84
447	117 63	464	122 10
448	117 89	465	122 36
449	118 15	466	122 63
450	118 42	467	122 89
451	118 68	468	123 15
452	118 94	469	123 42
453	119 21	470	123 68
454	119 47	471	123 94
455	119 73	472	124 21
456	120 00	473	124 47
457	120 26	474	124 73
458	120 52	475	125 00
459	120 79	476	125 26

RÉAUX.	FRANCS ET CENTIMES.	RÉAUX.	FRANCS ET CENTIMES.
477	125 52	494	130 00
478	125 79	495	130 26
479	125 05	496	130 52
480	126 31	497	130 79
481	126 57	498	131 05
482	126 84	499	131 31
483	127 10	500	131 57
484	127 36	501	131 84
485	127 63	502	132 10
486	127 89	503	132 36
487	128 15	504	132 63
488	128 42	505	132 89
489	128 68	506	133 15
490	128 94	507	133 42
491	129 21	508	133 68
492	129 47	509	133 94
493	129 73	510	134 21

RÉAUX.	FRANCS ET CENTIMES.	RÉAUX.	FRANCS ET CENTIMES.
511	134 47	528	138 94
512	134 73	529	139 21
513	135 00	530	139 47
514	135 26	531	139 73
515	135 52	532	140 00
516	135 79	533	140 26
517	136 05	534	140 52
518	136 31	535	140 79
519	136 57	536	141 05
520	136 84	537	141 31
521	137 10	538	141 57
522	137 36	539	141 84
523	137 63	540	142 10
524	137 89	541	142 36
525	138 15	542	142 63
526	138 42	543	142 89
527	138 68	544	143 15

RÉAUX.	FRANCS ET CENTIMES.	RÉAUX.	FRANCS ET CENTIMES.
545	143 42	562	147 89
546	143 68	563	148 15
547	143 94	564	148 42
548	144 21	565	148 68
549	144 47	566	148 94
550	144 73	567	149 21
551	145 00	568	149 47
552	145 26	569	149 73
553	145 52	570	150 00
554	145 79	571	150 26
555	146 05	572	150 52
556	146 31	573	150 79
557	146 57	574	151 05
558	146 84	575	151 31
559	147 10	576	151 57
560	147 36	577	151 84
561	147 63	578	152 10

RÉAUX.	FRANCS ET CENTIMES.	RÉAUX.	FRANCS ET CENTIMES.
579	152 36	596	156 84
580	152 63	597	157 10
581	152 89	598	157 36
582	153 15	599	157 63
583	153 42	600	157 89
584	153 68	601	158 15
585	153 94	602	158 42
586	154 21	603	158 68
587	154 47	604	158 94
588	154 73	605	159 21
589	155 00	606	159 47
590	155 26	607	159 73
591	155 52	608	160 00
592	155 79	609	160 26
593	156 05	610	160 52
594	156 31	611	160 79
595	156 57	612	161 05

RÉAUX.	FRANCS ET CENTIMES.	RÉAUX.	FRANCS ET CENTIMES.
613	161 31	630	165 79
614	161 57	631	166 05
615	161 84	632	166 31
616	162 10	633	166 57
617	162 36	634	166 84
618	162 63	635	167 10
619	162 89	636	167 36
620	163 15	637	167 63
621	163 42	638	167 89
622	163 68	639	168 15
623	163 94	640	168 42
624	164 21	641	168 68
625	164 47	642	168 94
626	164 73	643	169 21
627	165 00	644	169 47
628	165 26	645	169 73
629	165 52	646	170 00

RÉAUX.	FRANCS ET CENTIMES.	RÉAUX.	FRANCS ET CENTIMES.
647	170 26	664	174 74
648	170 52	665	175 00
649	170 79	656	175 26
650	171 05	667	175 52
651	171 31	668	175 79
652	171 57	669	176 05
653	171 84	670	176 31
654	172 10	671	176 57
655	172 36	672	176 84
656	172 63	673	177 10
657	172 89	674	177 36
658	173 15	675	177 63
659	173 42	676	177 89
660	173 68	677	178 15
661	173 94	678	178 42
662	174 21	679	178 68
663	174 47	680	178 94

RÉAUX.	FRANCS ET CENTIMES.	RÉAUX.	FRANCS ET CENTIMES.
681	179 21	698	183 68
682	179 47	699	183 94
683	179 73	700	184 21
684	180 00	701	184 47
685	180 26	702	184 73
686	180 52	703	185 00
687	180 79	704	185 26
688	181 05	705	185 52
689	181 31	706	185 79
690	181 57	707	186 05
691	181 84	708	186 31
692	182 10	709	186 57
693	182 36	710	186 84
694	182 63	711	187 10
695	182 89	712	187 36
696	183 15	713	187 63
697	183 42	714	187 89

RÉAUX.	FRANCS ET CENTIMES.	RÉAUX.	FRANCS ET CENTIMES.
715	188 15	732	192 63
716	188 42	733	192 89
717	188 68	734	193 15
718	188 94	735	193 42
719	189 21	736	193 68
720	189 47	737	193 94
721	189 73	738	194 21
722	190 00	739	194 47
723	190 26	740	194 73
724	190 52	741	195 00
725	190 79	742	195 26
726	191 05	743	195 52
727	191 31	744	195 79
728	191 57	745	196 05
729	191 84	746	196 31
730	192 10	747	196 57
731	192 36	748	196 84

RÉAUX.	FRANCS ET CENTIMES.	RÉAUX.	FRANCS ET CENTIMES.
749	197 10	766	201 57
750	197 36	767	201 84
751	197 63	768	202 10
752	197 89	769	202 36
753	198 15	770	202 63
754	198 42	771	202 89
755	198 68	772	203 15
756	198 94	773	203 42
757	199 21	774	203 68
758	199 47	775	203 94
759	199 73	776	204 21
760	200 00	777	204 47
761	200 26	778	204 73
762	200 52	779	205 00
763	200 79	780	205 26
764	201 05	781	205 52
765	201 31	782	205 79

RÉAUX.	FRANCS ET CENTIMES.	RÉAUX.	FRANCS ET CENTIMES.
783	206 05	800	210 52
784	206 31	801	210 79
785	206 57	802	211 05
786	206 84	803	211 31
787	207 10	804	211 57
788	207 36	805	211 84
789	207 63	806	212 10
790	207 89	807	212 36
791	208 15	808	212 63
792	208 42	809	212 89
793	208 68	810	213 15
794	208 94	811	213 42
795	209 21	812	213 68
796	209 47	813	213 94
797	209 73	814	214 21
798	210 00	815	214 47
799	210 26	816	214 73

RÉAUX.	FRANCS ET CENTIMES.	RÉAUX.	FRANCS ET CENTIMES.
817	215 00	834	219 47
818	215 26	835	219 73
819	215 52	836	220 00
820	215 79	837	220 26
821	216 05	838	220 52
822	216 31	839	220 79
823	216 57	840	221 05
824	216 84	841	221 31
825	217 10	842	221 57
826	217 36	843	221 84
827	217 63	844	222 10
828	217 89	845	222 36
829	218 15	846	222 63
830	218 42	847	222 89
831	218 68	848	223 15
832	218 94	849	223 42
833	219 21	850	223 68

RÉAUX.	FRANCS ET CENTIMES.	RÉAUX.	FRANCS ET CENTIMES.
851	223 94	868	228 42
852	224 21	869	228 68
853	224 47	870	228 94
854	224 73	871	229 21
855	225 00	872	229 47
856	225 26	873	229 73
857	225 52	874	230 00
858	225 79	875	230 26
859	226 05	876	230 52
860	226 31	877	230 79
861	226 57	878	231 05
862	226 84	879	231 31
863	227 10	880	231 57
864	227 36	881	231 84
865	227 63	882	232 10
866	227 89	883	232 36
867	228 15	884	232 63

RÉAUX.	FRANCS ET CENTIMES.	RÉAUX.	FRANCS ET CENTIMES.
885	232 89	902	237 36
886	233 15	903	237 63
887	233 42	904	237 89
888	233 68	905	238 15
889	233 94	906	238 42
890	234 21	907	238 68
891	234 47	908	238 94
892	234 73	909	239 21
893	235 00	910	239 47
894	235 26	911	239 73
895	335 52	912	240 00
896	235 79	913	240 26
897	236 05	914	240 52
898	236 31	915	240 79
899	236 57	916	241 05
900	236 84	917	241 31
901	237 10	918	241 57

RÉAUX.	FRANCS ET CENTIMES.	RÉAUX.	FRANCS ET CENTIMES.
919	241 84	936	246 31
920	242 10	937	246 57
921	242 36	938	246 84
922	242 63	939	247 10
923	242 89	940	247 36
924	243 15	941	247 63
925	243 42	942	247 89
926	243 68	943	248 15
927	243 94	944	248 42
928	244 21	945	248 68
929	244 47	946	248 94
930	244 73	947	249 21
931	245 00	948	249 47
932	245 26	949	249 73
933	245 52	950	250 00
934	245 79	951	250 26
935	246 05	952	250 52

RÉAUX.	FRANCS ET CENTIMES.	RÉAUX.	FRANCS ET CENTIMES.
953	250 79	970	255 26
954	251 05	971	255 52
955	251 31	972	255 79
956	251 57	973	256 05
957	251 84	74	256 31
958	252 10	975	256 57
959	252 3	976	256 84
960	252 63	977	257 10
961	252 89	978	257 36
962	253 15	979	257 63
963	253 42	980	257 89
964	253 68	981	258 15
965	253 94	982	258 42
966	254 21	983	258 68
967	254 47	984	258 94
968	254 73	985	259 21
969	255 00	986	259 47

RÉAUX.	FRANCS ET CENTIMES.	RÉAUX.	FRANCS ET CENTIMES.
987	259 73	994	261 57
988	260 00	995	261 84
989	260 26	996	262 10
990	260 52	997	262 36
991	260 79	998	262 63
992	261 05	999	262 89
993	261 31	1000	263 15

MARAVÉDIS.	FRANCS ET CENTIMES.	CUARTOS.	FRANCS ET CENTIMES.
1	0 00 9	1	0 03
2	0 01 5	2	0 06
3	0 02 3	3	0 09
4	0 03 1	4	0 12
5	0 03 9	5	0 15
6	0 04 6	6	0 18
7	0 05 4	7	0 21
8	0 06 2	8	0 25
9	0 07 0	9	0 28
10	0 07 8	10	0 31
11	0 08 5	11	0 34
12	0 09 3	12	0 37
13	0 10 1	13	0 40
14	0 10 9	14	0 43
15	0 11 6	15	0 46
16	0 12 4	16	0 49
17	0 13 2	17	0 52

MARAVÉDIS.	FRANCS ET CENTIMES.	CUARTOS.	FRANCS ET CENTIMES.
18	0 14 0	18	0 55
19	0 14 8	19	0 58
20	0 15 5	20	0 62
21	0 16 3	21	0 65
22	0 17 1	22	0 68
23	0 17 9	23	0 71
24	0 18 6	24	0 74
25	0 19 4	25	0 77
26	0 20 2	26	0 80
27	0 21 0	27	0 83
28	0 21 8	28	0 86
29	0 22 5	29	0 89
30	0 23 3	30	0 93
31	0 24 1	31	0 96
32	0 24 9	32	0 99
33	0 25 6	33	1 02
34	0 26 6	34	1 05

RÉAUX.	FRANCS ET CENTIMES.	RÉAUX.	FRANCS ET CENTIMES.
1.000	263 15	100.000	26.315 78
2.000	526 31	200.000	52.631 57
3.000	789 47	300.000	78.947 36
4.000	1.052 63	400.000	105.263 15
5.000	1.315 78	500.000	131.578 94
6.000	1.578 94	600.000	157.894 73
7.000	1.842 10	700.000	184.210 52
8.000	2.105 26	800.000	210.526 31
9.000	2.368 42	900.000	236.842 10
10.000	2.631 57	1.000.000	263.157 89
20.000	5.263 15	2.000.000	526.315 78
30.000	7.894 73	3.000.000	789.473 68
40.000	10.526 31	4.000.000	1.052.631 57
50.000	13.157 89	5.000.000	1.315.789 47
60.000	15.789 47	6.000.000	1.578.947 36
70.000	18.421 05	7.000.000	1.842.105 26
80.000	21.052 63	8.000.000	2.105.263 15
90.000	23.684 21	9.000.000	2.368.421 05
		10.000.000	2.631.578 94

CENTIMES.	RÉAUX.	CENTIMES.	RÉAUX.
1	0 04	18	0 68
2	0 08	19	0 72
3	0 11	20	0 76
4	0 15	21	0 80
5	0 19	22	0 83
6	0 23	23	0 87
7	0 27	24	0 91
8	0 30	25	0 94
9	0 34	26	0 99
10	0 38	27	1 03
11	0 42	28	1 06
12	0 46	29	1 10
13	0 49	30	1 14
14	0 53	31	1 18
15	0 57	32	1 21
16	0 61	33	1 25
17	0 65	34	1 29

CENTIMES.	RÉAUX.	CENTIMES.	RÉAUX.
35	1 33	52	1 98
36	1 37	53	2 01
37	1 41	54	2 05
38	1 44	55	2 09
39	1 48	56	2 13
40	1 52	57	2 17
41	1 56	58	2 20
42	1 60	59	2 24
43	1 63	60	2 28
44	1 67	61	2 32
45	1 71	62	2 36
46	1 75	63	2 39
47	1 79	64	2 43
48	1 82	65	2 47
49	1 86	66	2 51
50	1 90	67	2 55
51	1 94	68	2 58

CENTIMES.	RÉAUX.	CENTIMES.	RÉAUX.
69	2 62	85	3 23
70	2 66	86	3 27
71	2 70	87	3 31
72	2 74	88	3 34
73	2 77	89	3 38
74	2 81	90	3 42
75	2 85	91	3 46
76	2 89	92	3 50
77	2 93	93	3 53
78	2 96	94	3 57
79	3 00	95	3 61
80	3 04	96	3 65
81	3 08	97	3 69
82	3 12	98	3 72
83	3 15	99	3 76
84	3 19	100	3 80

CENTIÈMES DE RÉAL.	CENTIMES.	CENTIÈMES DE RÉAL.	CENTIMES.
1	0 3	18	4 7
2	0 5	19	5 0
3	0 8	20	5 3
4	1 0	21	5 5
5	1 3	22	5 8
6	1 6	23	6 0
7	1 8	24	6 3
8	2 1	25	6 6
9	2 4	26	6 8
10	2 6	27	7 1
11	2 9	28	7 4
12	3 1	29	7 6
13	3 4	30	7 9
14	3 7	31	8 1
15	3 9	32	8 4
16	4 2	33	8 7
17	4 5	34	8 9

CENTIÈMES DE RÉAL.	CENTIMES.	CENTIÈMES DE RÉAL.	CENTIMES.
35	9 2	52	13 7
36	9 5	53	13 9
37	9 7	54	14 2
38	10 0	55	14 5
39	10 3	56	14 7
40	10 5	57	15 0
41	10 8	58	15 3
42	11 0	59	15 5
43	11 3	60	15 8
44	11 6	61	16 0
45	11 8	62	16 3
46	12 1	63	16 6
47	12 4	64	16 8
48	12 6	65	17 1
49	12 9	66	17 4
50	13 1	67	17 6
51	13 4	68	17 9

CENTIÈMES DE RÉAL.	CENTIMES.	CENTIÈMES DE RÉAL.	CENTIMES.
69	18 1	85	22 4
70	18 4	86	22 6
71	18 7	87	22 9
72	18 9	88	23 1
73	19 2	89	23 4
74	19 5	90	23 7
75	19 7	91	23 9
76	20 0	92	24 2
77	20 3	93	24 5
78	20 5	94	24 7
79	20 8	95	25 0
80	21 0	96	25 3
81	21 3	97	25 5
82	21 6	98	25 8
83	21 8	99	26 0
84	22 1	100	26 3

MARAVÉDIS.	CENTIÈMES DE RÉAL.	MARAVÉDIS.	CENTIÈMES DE RÉAL.
1	3	18	53
2	6	19	56
3	9	20	59
4	12	21	62
5	15	22	65
6	18	23	68
7	21	24	71
8	23	25	73
9	26	26	76
10	29	27	79
11	32	28	82
12	35	29	85
13	38	30	88
14	41	31	91
15	44	32	94
16	47	33	97
17	50	34	100

Tableau pour la réduction des kilogrammes en arrobes et en livres castillanes.

KILOGRAMMES DE 1 A 100.

KILOGRAMMES.	ARROBES.	LIVRES.	KILOGRAMMES.	ARROBES.	LIVRES.
1	»	2	17	1	12
2	»	4	18	1	14
3	»	7	19	1	16
4	»	9	20	1	18
5	»	11	21	1	21
6	»	13	22	1	22
7	»	15	23	2	»
8	»	17	24	2	2
9	»	20	25	2	4
10	»	22	26	2	7
11	»	24	27	2	9
12	1	1	28	2	11
13	1	3	29	2	13
14	1	5	30	2	15
15	1	8	31	2	17
16	1	10	32	2	20

KILOGRAMMES.	ARROBES.	LIVRES.	KILOGRAMMES.	ARROBES.	LIVRES.
33	2	22	50	4	9
34	2	24	51	4	11
35	3	1	52	4	13
36	3	3	53	4	15
37	3	5	54	4	17
38	3	8	55	4	20
39	3	10	56	4	22
40	3	12	57	4	24
41	3	14	58	5	1
42	3	16	59	5	3
43	3	18	60	5	5
44	3	21	61	5	8
45	3	23	62	5	10
46	4	»	63	5	12
47	4	2	64	5	14
48	4	4	65	5	16
49	4	7	66	5	18

KILOGRAMMES.	ARROBES.	LIVRES.	KILOGRAMMES.	ARROBES.	LIVRES.
67	5	21	84	7	8
68	5	23	85	7	10
69	6	»	86	7	12
70	6	2	87	7	14
71	6	4	88	7	16
72	6	7	89	7	18
73	6	9	90	7	21
74	6	11	91	7	23
75	6	13	92	8	»
76	6	15	93	8	2
77	6	17	94	8	4
78	6	20	95	8	7
79	6	22	96	8	9
80	6	24	97	8	11
81	7	1	98	8	13
82	7	3	99	8	15
83	7	5	100	8	17

KILOGRAMMES.	ARROBES.	LIVRES.	KILOGRAMMES.	ARROBES.	LIVRES.
110	9	14	310	26	24
120	10	11	320	27	21
130	11	8	330	28	17
140	12	4	340	29	14
150	13	1	350	30	11
160	13	22	360	31	8
170	14	20	370	32	4
180	15	16	380	33	1
190	16	13	390	33	23
200	17	10	400	34	20
210	18	7	410	35	16
220	19	3	420	36	13
230	20	»	430	37	10
240	20	21	440	38	7
250	21	18	450	39	3
260	22	15	460	40	»
270	23	12	470	40	22
280	24	9	480	41	18
290	25	5	490	42	15
300	26	2	500	43	12

KILOGRAMMES.	ARROBES.	LIVRES.	KILOGRAMMES.	ARROBES.	LIVRES.
550	47	21	4500	391	8
600	52	4	5000	434	20
650	56	13	5500	478	6
700	60	22	6000	521	18
750	65	5	6500	561	5
800	69	14	7000	608	17
850	73	23	7500	652	4
900	78	7	8000	695	16
950	82	15	8500	739	3
1000	86	24	9000	782	15
1500	130	11	9500	826	2
2000	173	23	10000	869	14
2500	217	10	10500	913	1
3000	260	22	11000	956	13
3500	304	9	11500	1000	»
4000	347	21			

Tableau pour la réduction des arrobes et livres castillanes en kilogrammes.

LIVRES DE 1 A 25.

ARROBES.	LIVRES.	KILOGRAMMES.	ARROBES.	LIVRES.	KILOGRAMMES.
»	1	0 460	»	13	5 980
»	2	0 920	»	14	6 440
»	3	1 380	»	15	6 900
»	4	1 840	»	16	7 360
»	5	2 300	»	17	7 820
»	6	2 760	»	18	8 280
»	7	3 220	»	19	8 740
»	8	3 680	»	20	9 200
»	9	4 140	»	21	9 660
»	10	4 600	»	22	10 120
»	11	5 060	»	23	10 580
»	12	5 520	»	24	11 040
1/2 arrobe.	»	5 750	»	25	11 500

ARROBES.	LIVRES.	KILOGRAMMES.	ARROBES.	LIVRES.	KILOGRAMMES.
1	»	11 50	18	»	207 »
2	»	23 »	19	»	218 50
3	»	34 50	20	»	230 »
4	»	46 »	21	»	241 50
5	»	57 50	22	»	253 »
6	»	69 »	23	»	264 50
7	»	80 50	24	»	276 »
8	»	92 »	25	»	287 50
9	»	103 50	26	»	299 »
10	»	115 »	27	»	310 50
11	»	126 50	28	»	322 »
12	»	138 »	29	»	333 50
13	»	149 50	30	»	345 »
14	»	161 »	31	»	356 50
15	»	172 50	32	»	368 »
16	»	184 »	33	»	379 50
17	»	195 50	34	»	391 »

ARROBES.	LIVRES.	KILOGRAMMES.	ARROBES.	LIVRES.	KILOGRAMMES.
35	»	402 50	52	»	598 »
36	»	414 »	53	»	609 50
37	»	425 50	54	»	621 »
38	»	437 »	55	»	632 50
39	»	448 50	56	»	644 »
40	»	460 »	57	»	655 50
41	»	471 50	58	»	667 »
42	»	483 »	59	»	678 50
43	»	494 50	60	»	690 »
44	»	506 »	61	»	701 50
45	»	517 50	62	»	713 »
46	»	529 »	63	»	724 50
47	»	540 50	64	»	736 »
48	»	552 »	65	»	747 50
49	»	563 50	66	»	759 »
50	»	575 »	67	»	770 50
51	»	586 50	68	»	782 »

ARROBES.	LIVRES.	KILOGRAMMES.	ARROBES.	LIVRES.	KILOGRAMMES.
69	»	793 50	85	»	977 50
70	»	805 »	86	»	989 »
71	»	816 50	87	»	1000 50
72	»	828 »	88	»	1012 »
73	»	839 50	89	»	1023 50
74	»	851 »	90	»	1035 »
75	»	862 50	91	»	1046 50
76	»	874 »	92	»	1058 »
77	»	885 50	93	»	1069 50
78	»	897 »	94	»	1081 »
79	»	908 50	95	»	1092 50
80	»	920 »	96	»	1104 »
81	»	931 50	97	»	1115 50
82	»	943 »	98	»	1127 »
83	»	954 50	99	»	1138 50
84	»	966 »	100	»	1150 »

ARROBES.	LIVRES.	KILOGRAMMES.	ARROBES.	LIVRES.	KILOGRAMMES.
110	»	1265	280	»	3220
120	»	1380	290	»	3335
130	»	1495	300	»	3450
140	»	1610	310	»	3565
150	»	1725	320	»	3680
160	»	1840	330	»	3795
170	»	1955	340	»	3910
180	»	2070	350	»	4025
190	»	2185	360	»	4140
200	»	2300	370	»	4255
210	»	2415	380	»	4370
220	»	2530	390	»	4485
230	»	2645	400	»	4600
240	»	2760	410	»	4715
250	»	2875	420	»	4830
260	»	2990	430	»	4945
270	»	3105	440	»	5060

ARROBES.	LIVRES.	KILOGRAMMES.	ARROBES.	LIVRES.	KILOGRAMMES.
450	»	5175	650	»	7475
460	»	5290	700	»	8050
470	»	5405	750	»	8625
480	»	5520	800	»	9200
490	»	5635	856	»	9775
500	»	5750	900	»	10350
550	»	6325	950	»	10925
600	»	6900	1000	»	11500

TABLEAU

de concordance des mesures espagnoles avec les mesures françaises.

MESURES ESPAGNOLES.	FRANÇAISES.
MESURES LINÉAIRES.	mètres.
1 vara	0 8360
1 pie.	0 2785
1 pulgada.	0 0230
MESURES ITINÉRAIRES.	
1 lieue (legua) de 5000 varas.	4177 »
1 brasse (braza) marine (1	1696 »
1 kilomètre.	1000 »
MESURES AGRAIRES.	ares.
1 fanegada.	45 085
1 arranzada.	38 650
1 celemine.	3 830
MESURES DE CAPACITÉ.	
LIQUIDES — VINS	litres.
1 moyo.	258 125
1 arroba	16 130
1 cuartillo.	0 500
LIQUIDES — HUILES	
1 arroba.	12 56
1 libra mensural.	» 500
GRAINS — SEL	
1 cahiz.	666 »
1 fanega..	55 500
2 celemine	4 625
1 cuartillo..	1 155

(1) En France, le mille marin est de 1,852 mètres, la brasse (5 pieds) est de 1m.624 et le nœud $\left(\frac{1}{120}\right.$ du mille marin) de 15m 432. — La lieue marine est de 5,556m.

MESURES ESPAGNOLES.	**FRANÇAISES.**

POIDS.

	kilog.
1 quintal.	46 »
1 arroba.	11 500
1 libra.	» 460
1 onza.	» 030

MONNAIES.

	francs.
4 pistoles ou quadruple frappé au balancier aux armes et à l'effigie avant 1772.	85 42
» de 1772 à 1786	83 93
» depuis 1786.	81 51
2 pistoles, 1, 1/2 à proportion.	
Petit écu d'or, ou ventem, avant 1772	5 46
Doublon d'Isabelle de 100 réaux (loi du 15 av. 1848)	25 84
Piastre à colonnes, mexicaine et sévillane, avant 1772.	5 49
» à l'effigie depuis 1772.	5 43
1/2, 1/4, 1/8, 1/16 de piastre à proportion. . . .	
Duro de 20 réaux ou piastre (loi du 15 avril 1848)	5 25
Medio-duro ou écu de 10 réaux.	2 63
Peseta ou 4 réaux	1 05
Medio-peseta ou 2 réaux	» 52
Réal	» 26

PARIS — IMPRIMERIE CENTRALE DE NAPOLÉON CHAIX ET Cie, RUE BERGÈRE, 20 — 5377

RECETTES PAR JOUR.		RECETTES
RÉAUX.	FRANCS.	RÉAUX. (Sur 455 kil.)
80,000	21,052 63	64,176
90,000	23,684 21	72,198
100,000	26,315 78	80,220
110,000	28,947 35	88,242
120,000	31,578 92	96,264
130,000	34,210 49	104,286
140,000	36,842 06	112,308
150,000	39,473 63	120,330
160,000	42,105 20	128,352
170,000	44,736 77	136,374
180,000	47,368 34	144,396
190,000	49,999 91	152,418
200,000	52,631 48	160,440

KILOMÉTRIQUES		RECETTES ANNUELLES.	
(Sur 155 kil.)	FRANCS.	BÉAUX.	FRANCS.
16,888	41	29,200,000	7,684,210 50
18,999	45	32,850,000	8,644,737 06
21,100	49	36,500,000	9,605,263 62
23,221	53	40,150,000	10,565,790 18
25,332	57	43,800,000	11,526,316 74
27,443	61	47,450,000	12,486,843 30
29,554	65	51,100,000	13,447,369 86
31,665	69	54,750,000	14,407,896 26
33,776	73	58,400,000	15,368,422 66
35,887	77	62,050,000	16,328,949 06
37,998	81	65,700,000	17,289,475 46
40,109	85	69,350,000	18,250,001 86
42,220	89	73,000,000	19,210,528 26